# DERNIÈRES RÉFLEXIONS

*Sur les quatre Articles relatifs*

# AUX TRAVAUX PUBLICS,

QU'A PUBLIÉS

*M. Henri Fonfrède,*

DANS L'INDICATEUR, LES 28, 29, 30 DÉCEMBRE 1828,
ET 24 JANVIER 1829;

PAR M. TRIGANT-GAUTIER, A LAROCHE-CHALAIS (DORDOGNE).

(PRIX : 50 CENTIMES.)

A Bordeaux,
DE L'IMPRIMERIE DE J. PELETINGEAS, RUE SAINT-REMI.

1829.

# DERNIÈRES
# RÉFLEXIONS

SUR LES QUATRE ARTICLES RELATIFS

# AUX TRAVAUX PUBLICS,

QU'A PUBLIÉS

M. HENRI FONFRÈDE.

# DERNIÈRES
# RÉFLEXIONS

*Sur les quatre Articles relatifs*

## AUX TRAVAUX PUBLICS,

QU'A PUBLIÉS

*M. Henri Fonfrède,*

DANS L'INDICATEUR, LES 28, 29, 30 DÉCEMBRE 1828,
ET 24 JANVIER 1829;

PAR M. TRIGANT-GAUTIER, A LAROCHE CHALAIS (DORDOGNE)

A Bordeaux,
DE L'IMPRIMERIE DE J. PELETINGEAS, RUE SAINT-REMI.

1829.

# DERNIÈRES
# RÉFLEXIONS
SUR
## LES QUATRE ARTICLES RELATIFS AUX TRAVAUX PUBLICS, QU'A PUBLIÉS M. HENRI FONFRÈDE, DANS L'INDICATEUR, LES 28, 29, 30 DÉCEMBRE 1828, ET 24 JANVIER 1829.

DES sarcasmes, des citations inexactes, (1) des pointes, des jeux de mots. (2) (qui n'entrent point dans le domaine des écrivains sur l'économie politique) accompagnés de l'orgueilleux dédain, voilà à très-peu de chose près, tout ce que contient le dernier article de M. Fonfrède, en réfutation de ma brochure, qui de cette manière très-commode est restée sans réponse. Je persiste donc à croire que M. Fonfrède a encore effleuré les questions qui se rattachent à notre polémique.

M. Fonfrède, pour aplanir les difficultés qui se sont présentées à son esprit sur cette matière, et pour mettre quelqu'un de son côté, a cru pouvoir s'appuyer sur un ouvrage publié par M. Tranchère de Châteauneuf.

M. Fonfrède est si avide de critique, que tout en applaudissant aux vues de l'auteur, il n'a pu s'empêcher de dire en passant, que le style de son ouvrage manquait de correction et de goût.

Il est du moins heureux pour M. Tranchère de Châteauneuf, qu'en lui disputant les phrases, on lui accorde les choses; à l'égard de son critique, M. Tranchère pourrait récriminer en sens inverse.

Avant de passer à la discussion qui me fait reprendre la plume, je m'empresse de déclarer que pour ne pas tomber dans les graves erreurs de mon honorable adversaire, je le combattrai surtout avec l'autorité des hommes distingués qui ont approfondi la matière qui nous occupe.

## DES PONTS SUSPENDUS ET EN BOIS.

« On n'ignore pas, (dit l'auteur de l'*Essai sur la* » *construction des routes et des voitures*, traduit » de l'anglais de Richard Lovell Edgworth) (3) » que les revenus des péages ne sont pas partout » également productifs, parce que les frais de cer- » taines constructions, fort chères, ne seraient pas » toujours en rapport avec les fréquentations des rou- » tes sur lesquelles elles seraient placées, mais on » tâcherait pour ce cas de réduire la dépense au plus » strict nécessaire, en écartant toute idée de ce beau » monumental, qui tout admirable qu'il est, nous » coûte beaucoup plus qu'il ne vaut.

» Il y a à croire que beaucoup de projets sont ré- » digés depuis long-temps; on en reviserait quel- » ques-uns sur des plans moins vastes, et on en » remplacerait d'autres par des constructions éta- » blies d'après des procédés plus économiques; au » premier rang, il faut compter les ponts de sus-

» pension, (4) dont les avantages sont incontestables; on peut encore emprunter à l'Allemagne, » dans les contrées où le bois est abondant, ces » ponts à piles en charpentes dont nous avons si » souvent admiré pendant le cours de la guerre les » dimensions et la légèreté. (5)

» En réduisant ainsi d'une part la somme à dé- » bourser, en maintenant d'autre part les tarifs de » péage au taux déjà concédé pour des constructions » plus chères, on offrirait aux capitaux particuliers » un puissant appât, qui ne manquerait pas de les » attirer. L'administration serait débarrassée tout à » la fois du fardeau de la dépense et des charges de » l'exécution. »

C'est d'après ces principes que M. le baron d'Haussez a composé sur les routes et les canaux l'ouvrage critiqué par M. Fonfrède; les vues de M. le baron d'Haussez se justifient par trois motifs : 1.° le Gouvernement ne peut plus travailler pour son compte à de nouvelles constructions, puisque celles qui sont commencées ne peuvent s'achever; 2.° les compagnies ne voudraient pas se charger de la construction des ponts en pierres, parce que la dépense serait hors de proportion avec le produit du péage; 3.° enfin, ce qui répond à tout, il vaut mieux avoir des ponts suspendus et en bois, que de n'en avoir d'aucune espèce.

*Le Jury, pour fixer l'indemnité accordée aux propriétaires dépossédés pour cause d'utilité publique, est-il préférable à la législation existante?*

L'auteur déjà cité dit : « En Angleterre, les Ju-
» ges-de-paix du comté, assemblés, ordonnent,
» quand besoin est, l'élargissement ou la déviation
» des routes ou parties de routes de leur juridiction ;
» dans ce cas, l'Inspecteur de la route à perfection-
» ner traite avec le propriétaire des terrains à ac-
» quérir. Si l'achat ne peut se conclure à l'amiable,
» un Juge-de-paix fait une descente sur les lieux.
» Sur son rapport, les Juges-de-paix réunis en ses-
» sion spéciale, convoquent un Jury de douze per-
» sonnes prises dans la liste des Jurés appelés à la
» session. Le Jury fixe l'indemnité, qui ne peut,
» d'après la loi, surpasser quarante fois le revenu
» net du terrain à acquérir. On offre au propriétaire
» la somme allouée; s'il la refuse, ou s'il est absent,
» on la dépose au greffe de la justice de paix de la
» paroisse; dès-lors le terrain est acquis à l'État ou
» à la commune, et devient partie intégrante de la
» voie publique. »

Les bons esprits conviendront sans peine qu'une législation analogue, appropriée dans son exécution à notre organisation sociale, vaudrait beaucoup mieux que les frais et les longueurs de notre procédure actuelle.

Eh bien! M. d'Haussez ne demande pas autre chose; et si l'on s'inquiète dans l'intérêt de la propriété, la réponse est facile : Où trouver une nation plus jalouse de ce droit que la nation anglaise? mais c'est que chez elle la prospérité du pays marche avant tout.

*L'Administration générale des ponts et chaussées doit-elle asservir à ses règles les Ingénieurs départementaux?*

« Quoi, (dit encore notre auteur) exécuter des » travaux qui doivent s'entreprendre et se poursui- » vre sur une superficie de 30 mille lieues carrées, » au milieu des diversités extrêmes des lieux et des » climats, des milliers d'ateliers couvriront la sur- » face du sol; ils devront employer des méthodes, » appliquer des procédés variables comme les acci- » dens de la nature, comme les circonstances infi- » nies de la terre et de l'air; et une intelligence uni- » que, sédentaire au centre du mouvement, au lieu » de se borner à imprimer l'impulsion et à régler le » mouvement, prétendrait assister à tout, ordonner » tout, pourvoir à tout! En vérité, autant vaudrait » voir un Directeur général faire un toisé et un In- » génieur en chef pousser la brouette. »

Voilà comment pense, comment raisonne et comment écrit M. le Préfet de la Gironde.

*Le Gouvernement doit-il continuer à avoir le monopole des travaux publics?*

Une courte analyse de l'histoire de la *Navigation intérieure, etc.*, par M. Cordier, inspecteur général au corps royal des ponts et chaussées, va me fournir des moyens péremptoires à l'appui de la négative.

On n'aura point cette fois la commode ressource de dire que c'est un écrivain spéculatif, soutenant un système métaphysique; c'est un Ingénieur habile, expérimenté, (6) qui a voyagé en Angleterre pour la perfection de son art, qui jouit au plus haut degré de la confiance du Gouvernement, qui l'a nommé membre de la commission qui doit présenter un rapport sur les travaux publics.

Cet Ingénieur prouve jusqu'à l'évidence la nécessité d'enlever au Gouvernement le monopole des travaux publics. Son argument fondamental est l'histoire de ce qui s'est fait en Angleterre depuis 50 ans, sous l'influence de l'industrie privée, pour le perfectionnement de la navigation intérieure, comparée à ce que le Gouvernement a fait pour cela en France dans le même intervalle, ou plutôt à ce qu'il n'a pas fait.

D'une part, l'industrie anglaise, depuis l'admirable impulsion donnée par l'exemple du duc de Brigeswater, (7) aidé du génie de Brundlley, a fait exécuter pour plus de *dix milliards* d'ouvrages publics, créé en quarante ans plus de 200 canaux, (8) autant de bassins, (9) beaucoup plus de routes, (10) des ponts, etc., et cet ensemble de travaux que n'auraient pu concevoir les Gouvernemens les plus fermement persuadés qu'eux seuls sont capables d'exécuter de grandes entreprises, a eu pour résultat de porter à plus de *cent milliards* le capital de la Grande-Bretagne, qui n'était pas de 40 milliards en 1775. Que voyons-nous au contraire en France? Nous y voyons le petit nombre de canaux et d'ouvrages publics existans, dus presque tous à l'industrie privée, dépérir si misérablement entre les mains du Gouvernement, que d'après M. Cordier, il faudrait aujourd'hui dépenser plus de 200 millions, seulement pour les remettre dans l'état où ils se trouvaient en 1790. Peut-il exister une démonstration plus frappante que le simple exposé de ce contraste?

A cette irrécusable comparaison, l'auteur en ajoute une seconde, qui en sera pour ainsi dire le complément.

Après avoir tracé l'histoire de la navigation intérieure en France, il présente l'aperçu des principaux ouvrages qui pourraient être entrepris, si les travaux publics étaient livrés à l'industrie privée, et il évalue d'une manière approchée l'énorme accroissement qui en résulterait dans la richesse nationale, laquelle, suivant lui, pourrait augmenter en vingt ans de *quarante milliards;* d'un autre côté, M. Cordier établit l'impossibilité avec les ressources actuelles, non-seulement de perfectionner notre système de communication intérieure, mais encore d'arrêter les progrès des dégradations, et d'entretenir ce qui existe, tant que le Gouvernement s'obstinera à conserver le monopole des travaux publics.

Pour fixer entièrement les idées sur ce que doit être la législation relative aux travaux publics, l'auteur fait connaître les actes de concession rendus par le Parlement d'Angleterre, pour les entreprises d'utilité publique. La législation anglaise sur cette matière est admirable; elle est un modèle parfait de l'utile intervention du Gouvernement dans les affaires industrielles, lorsqu'elle est renfermée entre de justes bornes. Voilà ce qu'il faudrait emprunter de nos voisins, au lieu de leur régime prohibitif, de leurs colonisations et du génie fiscal et machiavélique de leur gouvernement; on ne saurait trop répéter avec M. Cordier, que « ce n'est ni par ses impôts, ni » par ses prohibitions, ni par ses Colonies, ni par » des guerres ambitieuses, ni par les désastres de » notre commerce, que l'Angleterre a prospéré; c'est » malgré les impôts les plus onéreux, malgré son » système de prohibition, malgré les dépenses ex- » cessives de guerres impolitiques; c'est uniquement » par la cumulation d'un travail libre et productif » favorisé par de bonnes institutions. »

M. Cordier signale dans l'introduction de son ouvrage deux causes qui tendent à rendre une entreprise productive quelconque beaucoup plus chère par le Gouvernement que par l'industrie privée. L'une de ces causes consiste dans les frais de perception, dans les bénéfices d'entrepreneurs, dans les frais de surveillance et d'administration.

M. Cordier estime que par cela seul il faut qu'un Gouvernement qui doit dépenser 100,000 fr. à un ouvrage public, lève au moins 160,000 fr. L'autre cause provient de ce que, par des raisons faciles à comprendre, le Gouvernement emploie dans ses entreprises beaucoup plus de temps, environ ( six fois plus ) que les particuliers, ce qui, vu l'accumulation des intérêts, augmente considérablement la dépense, beaucoup plus même qu'on ne serait d'abord tenté de le croire, car d'après les calculs très-ingénieux de l'auteur, un Gouvernement doit, par cette seule raison, administrer quatre fois plus chèrement que des particuliers.

Ce qui va pleinement confirmer les calculs de M. Cordier, ce sont les réflexions et les preuves à l'appui d'un économiste distingué, sur le rapport du Ministre de l'intérieur, relatif à la situation au 31 Mars 1826, des travaux de canalisation.

« Il s'agit, dit-il, non pas de savoir si les canaux » sont utiles, mais si l'administration sait les faire » avec économie et célérité.

» Dans chacun des emprunts pour les canaux, le » Gouvernement s'est obligé à terminer les travaux » dans un délai fixé, pendant lequel le trésor paie » les intérêts, au taux convenu, des sommes versées » par les prêteurs qui reçoivent outre l'intérêt de » leur capital, une prime annuelle, l'un et l'autre » payés par le trésor, si le canal n'est pas achevé. » Quand il l'est, l'intérêt, la prime et une somme » pour l'amortissement graduel de la dette, sont pré- » levés sur ce produit appartenant aux prêteurs, » pendant un certain nombre d'années, à dater de » leurs remboursemens.

» On voit combien il importe aux contribuables » que les travaux soient promptement terminés, » pour n'avoir plus à payer les primes et les intérêts. » La prompte exécution leur importe encore, parce » qu'elle abrège le retard de la jouissance entière du » canal au profit du trésor.

» Les travaux sont-ils conduits de manière à être

» terminés, sinon promptement, au moins dans les » délais fixés? non; et nous croyons pouvoir affir- » mer, que des neuf entreprises que nous désigne- » rons plus bas, il n'y en aura pas deux d'achevées » à leur terme.

» Nous ne pouvons juger les travaux à faire que » par les sommes dépensées. Il faut donc comparer » les dépenses faites à la partie déjà écoulée, du » temps accordé pour les travaux. Si nous représen- » tons par cent le montant de chaque emprunt, nous » aurons le tableau suivant, qui expose, plus com- » plétement que le rapport ministériel, la situation » des choses au 31 Mars 1826.

| | CENTIÈMES ÉCOULÉS DE LA DURÉE DES TRAVAUX. | CENT. DÉPENSÉS DE L'EMPRUNT. |
|---|---|---|
| » Canal Monsieur | 79 | 60. |
| » *Idem* du duc d'Angoulême | 71 | 55. |
| » *Idem* des Ardennes | 71 | 47. |
| » *Idem* de Bourgogne | 34 | 45. |
| » *Idem* d'Arles à Bouc | 56 | 43. |
| » *Idem* de Nivernais | 49 | 21. |
| » *Idem* du Duc de Berri | 42 | 32. |
| » *Idem* latéral de la Loire | 42 | 35. |
| » Canaux de Bretagne | 34 | 30. |

» Ce tableau nous montre, qu'à l'exception du » canal de Bourgogne, partout les travaux sont les » 49 centièmes (ou la moitié) du délai fixé. Pour » l'achèvement du canal de Nivernais, (11) les dé- » lais sont déjà écoulés, tandis que les travaux n'ont

» consommé que 21 centièmes ( ou la 5.$^{me}$ partie ) » de l'emprunt contracté pour le canal.

» Dans huit des neuf entreprises, la dépense n'est » pas au niveau du temps écoulé; mais quand même » elle y serait, serions-nous certains de l'achèvement » des travaux aux époques fixées?

» Qui est-ce qui nous garantit que l'emprunt, » jugé suffisant, le sera en effet? L'Administration » ne se trompe-t-elle jamais dans ses évaluations » prévisionnelles et dans ses devis? Qui nous garan- » tit que le temps arrivé et le montant de l'emprunt » dépensé, le canal sera achevé? (12) Personne, » sans doute, et nous pouvons raisonnablement nous » attendre à avoir à payer, non-seulement les inté- » rêts et les primes sur les produits des canaux, mais » encore des supplémens demandés pour insuffisance » de fonds.

» Voici une dernière considération : en Angle- » terre, où les canaux sont construits avec économie » et célérité, l'Administration ayant le bon esprit » de ne pas s'en mêler, les canaux donnent au moins » 5 p. % de ce qu'ils ont coûté. En France, où ils » sont construits très-chèrement, parce qu'ils le sont » par l'Administration, ils donnent à peine le 3; c'est » pour produire ce qui ne donne que le 3, que nous » empruntons à longs termes à 7 et à 8 p. %.

» Pourquoi l'Administration ne dit-elle pas : Il » s'agit de creuser un canal de telle longueur et de » telle forme, qui est celui qui veut le faire à ses » frais, risques et périls, moyennant la concession

» du péage? On l'a dit par extraordinaire pour *le* » *Canal d'Aire, à la bassée*, et ce canal a été livré » à la navigation avant le terme fixé par le cahier » des charges pour l'achèvement des travaux, et il » n'a pas coûté un centime au trésor. Quand l'Ad- » ministration comprendra-t-elle qu'elle est inhabile » à creuser des canaux, à faire des routes, des » ponts, etc., et aura-t-elle la sagesse d'abandonner » ces grandes entreprises à l'intérêt privé, essentiel- » lement actif, économe et clairvoyant? »

Pour dernière preuve des dommages qui résultent pour la France du monopole des travaux publics entre les mains du Gouvernement, je vais citer la partie du rapport qui traite de cet objet, fait par M. Augustin Perrier, à la Chambre des Députés, sur le budget, loi des comptes de 1826, séance du 8 Mai 1828:

« L'Administration des ponts et chaussées, (dit » l'honorable orateur) est comprise dans le chap. VI » des travaux publics, pour un crédit définitif de » 35,148,556 fr. 33 c.; cependant plusieurs des » travaux sont encore retardés, contrariés, et pres- » que tous occasionnent une dépense très-supé- » rieure aux évaluations.

» Il est à regretter que l'on se soit écarté pour les » canaux, les plus importans du parti qui avait été » adopté avec succès pour d'autres, celui de les » livrer à l'industrie privée.

» On voit dans la statistique des ponts et chaus- » sées, qu'il reste à effectuer des travaux dont la

» dépense s'élèverait à un total de 177,621,250 fr.;
» quand nous réduirions cet aperçu effrayant, on
» n'apercevrait pas le moment où le budget de
» l'état pourra supporter une pareille charge, que
» réclament pourtant de si puissans intérêts. Cette
» circonstance rapporte la pensée vers un change-
» ment dans le système général des travaux publics,
» qui devraient être abandonnés à une libre con-
» currence, sous la surveillance des autorités loca-
» les. » (13)

Les pensées et le langage de M. le Préfet de la Gironde, dans ses écrits comme dans ses discours à la Chambre des Députés, sont les mêmes que ceux des économistes et de l'Ingénieur distingués que j'ai appelés à mon secours pour m'aider à réfuter avec connaissance de cause mon honorable adversaire. Comme eux, M. le baron d'Haussez veut de l'économie et de la célérité dans les travaux publics; comme eux, il veut qu'ils soient livrés à l'industrie privée sous la surveillance des autorités locales; comme eux, il veut que les Ingénieurs départementaux ne soient plus asservis à l'Administration générale des ponts et chaussées; comme eux, il veut qu'on n'ait plus recours aux tribunaux pour régler les indemnités pour cause d'utilité publique, parce que les formes judiciaires sont longues, coûteuses, retardent les travaux et occasionnent des surcroîts considérables de dépenses, tandis que le Jury expédierait promptement ces sortes d'affaires presque sans frais et sans dommage pour le propriétaire dépossédé ; comme eux, il veut, dans l'impossibilité où est le Gouvernement de construire des ponts en pierres, qu'il en soit fait de suspendus ou en bois, suivant les localités, afin que les communications soient faciles et promptes en tout temps; il veut enfin, avec tous les bons esprits, que l'industrie privée travaille sous la surveillance d'un corps d'Ingénieurs formés à la première école du monde, et d'une administration centrale qui sera excellente, lorsqu'elle pourra faire moins et laisser faire plus.

Quand il sera bien reconnu que toutes les entreprises industrielles que dirige le Gouvernement doivent être laissées à l'industrie privée, alors, mais non plus tôt, on sera convaincu que la fonction des Gouvernemens n'est pas de produire, mais uniquement de protéger la production et d'écarter les obstacles qui la gênent; en un mot, on finira par comprendre que le seul objet qu'il soit utile de leur laisser administrer spécialement, c'est le maintien de l'ordre et de la sûreté; or, quand les dépenses publiques seront entièrement dirigées vers ce but, on n'aura pas besoin de prouver qu'il est absurde d'être gouverné par un milliard!

Voilà ce que j'ai cru devoir écrire dans l'intérêt de la vérité, en faveur de l'ouvrage et des sentimens d'amour du bien public qui distinguent M. le Préfet de la Gironde. Je m'honore donc du titre de son défenseur officieux, dont me gratifie *ironiquement* M. Fonfrède. Je ferais aussi pour M. Fonfrède lui-même ce que je fais pour M. le Préfet de la Gironde;

si je le croyais injustement attaqué, et qu'il fût dans une position à ne pouvoir se défendre.

M. Fonfrède, vous avez donc eu tort de me taxer d'un libéralisme préfectoral, épithète que vous soulignez ; libéralisme dont sans doute vous entendez fixer là les limites. Il ne me sera pas difficile de vous prouver, par des faits authentiques, M. Fonfrède, que vous vous êtes encore trompé sur ce point. D'abord, entendons-nous sur la signification du mot libéral, en politique ; si vous faites consister ce sentiment patriotique en protestations, en promesses et en tous ces lieux communs qui ne manquent jamais à celui qui convoite des places et des honneurs, je ne suis point un libéral.

Le libéralisme, dans mon esprit et dans mon cœur, consiste dans un dévoûment sans partage au bonheur de son pays, non-seulement en théorie mais en pratique. En partant de ce principe, me serait-il permis de vous donner quelques conseils?

On dit que le plus cher de vos vœux est d'être porté à notre chambre des communes.

Voyons d'abord si ce que vous faites peut vous y conduire ; dans le cas contraire, je prendrai l'inoffensive liberté de vous indiquer ce que vous devez faire pour arriver au noble but que vous vous êtes proposé.

Vous attaquez un Administrateur habile sur des choses que vous déclarez vous-même ne pas connaître ; vous l'attaquez avec aigreur, lui qui a laissé dans tous les départemens qu'il a dirigés des preuves multipliées de son dévoûment au bonheur public et les plus honorables souvenirs!

Vous critiquez avec amertume et dérision le Dépôt de Mendicité qu'il a établi dans votre ville natale; le jeu de mots *escamotage des pauvres,* que vous employez à propos de cet utile établissement, n'est ni convenable ni même élégant.

M. de Chateaubriand a dit : « Les mendians vi- » vent de leurs plaies ». L'établissement des Dépôts de Mendicité a pour but de faire cesser cet horrible moyen d'existence;

Vous avez lu le beau rapport de M. de Béleyme, préfet de police, à la société royale des prisons, le 16 Janvier 1829, qui mentionne honorablement la conduite des Bordelais sur leur Dépôt de Mendicité;

Vous lisez chaque jour les journaux de la capitale, qui sont couverts de souscriptions pour l'établissement d'un Dépôt de Mendicité projeté à Paris. Vous critiquez donc ce que tout le monde approuve;

Vous exhumez après les deux tiers d'un siècle les cendres de M. de Tourny pour censurer la mémoire de l'une des grandes notabilités françaises, à laquelle vos concitoyens reconnaissans ont élevé une statue en marbre (qui devrait être en bronze) et dont la postérité salue la gloire!

Enfin, vous vous associez (sans le vouloir sans doute) à ces hommes malheureusement si nombreux, qui ne savent rien faire, et qui ont le déplorable talent de nuire à qui veut faire, dont l'esprit stérile pour trouver des moyens d'exécution, est fécond en objections et riche en obstacles.

Voilà, M. Fonfrède, ce qui vous éloignerait de la tribune nationale.

Voici ce qui vous en rapprochera, et peut-être vous y fera monter au premier jet du scrutin :

Étudiez encore l'économie politique, ne parlez pas des choses que vous ne connaissez pas ;

Faites quelque chose pour votre pays, au lieu de critiquer ceux qui travaillent à sa prospérité.

Moi, Monsieur, que vous traitez avec un si fier dédain, j'ai eu sur vous l'avantage d'être utile ; pourquoi craindrais-je d'invoquer un témoignage dont je m'honore?

Voici, Monsieur, ce que dit sur mon compte le Sous-Préfet de mon arrondissement :

« Je soussigné, Sous-Préfet de l'arrondissement » de Ribérac (Dordogne) certifie que M. TRIGANT-» GAUTIER, propriétaire, professant le culte protes-» tant, natif et domicilié du chef-lieu de la com-» mune de Laroche-Chalais, situé dans mon arron-» dissement, a fait construire dans le lieu qu'il habite, » (où il n'y en avait pas) une église pour l'exercice » du culte catholique romain, digne de sa destina-» tion, et qu'il a fait les avances de la plus grande » partie des fonds qu'a nécessités cette honorable et » utile entreprise ; (14)

» Que les rues de Laroche-Chalais étaient impra-» ticables, qu'il en a fait paver une partie, planter » les arbres qui sont sur la place de cette petite ville,

» que ce bon exemple a décidé ses habitans à con- » tinuer son ouvrage, qui, sous mon administration, » a reçu son entière exécution ;

» Que la navigation de la Dronne, de Laroche- » Chalais à Coutras, a été aussi l'objet de ses soins, » de ses veilles et de ses sacrifices ; que pour en con- » stater la possibilité, il a fait lever à ses frais le » plan du cours de cette rivière, dans lequel on » trouve les nivellemens, les sondes, tous les villa- » ges et hameaux qui sont en vue sur les deux rives » de cette rivière, sa jonction avec l'Isle, sous Cou- » tras, le plan de ce dernier lieu, celui de Laroche- » Chalais, enfin, la route départementale de ce pre- » mier lieu au second.

» Ce plan, de la plus belle exécution, qui forme » un atlas cartonné de cinq feuilles papier grand » aigle, fut mis, par M. TRIGANT-GAUTIER, sous » les yeux du conseil de cet arrondissement, session » de 1821, séance du 1.er Août, qui vota des éloges » et des remercîmens à son auteur ;

» Que les choses restèrent en suspens pendant » plus de six ans, malgré les efforts soutenus de » M. TRIGANT pour faire réussir cette belle et utile » entreprise ; et jusqu'au moment où la confiance du » Gouvernement ayant appelé M. le baron d'Haussez » à la préfecture de la Gironde, ce digne magistrat » voulut bien accueillir ce projet et s'occuper de » son exécution avec tout l'intérêt qu'il méritait ;

» Que M. TRIGANT a eu le bonheur de voir ses » soins et ses efforts couronnés par l'ordonnance

» royale du 12 Octobre dernier, qui, rendue sur la » proposition de M. le baron d'Haussez, autorise les » travaux, et concède à une compagnie qui les en- » treprend, la perception d'un droit de navigation » pour quatre-vingt-dix-neuf ans;

» Que M. TRIGANT s'occupe maintenant de la » construction d'un pont suspendu sur la même ri- » vière, au bac de Laroche-Chalais, pour faciliter » les communications entre les départemens de la » Charente-Inférieure et de la Dordogne, par la » route départementale de Montlieu à Ribérac, pas- » sant à Laroche-Chalais.

» En foi de quoi.

» A Ribérac, le 12 Janvier 1829.

» Le Sous-Préfet, *signé* CELLERIER. »

En finissant, permettez-moi, M. Fonfrède, de vous faire mes adieux, car ma polémique avec vous est irrévocablement terminée. Vous avez attaqué, j'ai répondu; vous avez répliqué, moi aussi. Notre cause est donc suffisamment plaidée et en état d'être jugée par le tribunal de l'opinion publique, qui seul doit en connaître.

Adieu, Monsieur, vivez heureux dans vos belles habitations, sur vos beaux domaines, au milieu de vos nombreux amis; que votre ambition législative, autorisée par vos talens, soit couronnée d'un prompt et heureux succès; et, si vos vœux et les miens s'accomplissent sur ce point, marchez d'un pas assuré dans la noble carrière qui vous sera ouverte; sur les traces des défenseurs des droits du trône et d'une sage liberté; faites de brillans discours, mais surtout prouvez vos théories par des faits.

Pour moi, qui ne puis aspirer à de si hautes destinées, et qui ai perdu les conditions électorales en faisant des travaux utiles à mon pays, je vais regagner paisiblement et avec joie mon humble asile, pour continuer mes travaux de navigation, de ponts et de routes. Là, sans ambition, et surtout sans amour-propre d'auteur, je m'efforcerai de mériter que mes concitoyens puissent un jour dire de moi :

« *Il fit un peu de bien, c'est son meilleur ouvrage* ».

# NOTES.

## 1.re *Note, pag. 5, ligne 7.*

Je n'ai point taxé M. Fonfrède d'ignorance, comme il le prétend; j'ai seulement dit avec lui qu'il ne connaissait pas la matière qu'il prétendait traiter. Je le demande, qui peut raisonnablement se plaindre de voir répéter textuellement ce qu'il a imprimé?

## 2.me *Note, pag. 5, ligne 8.*

Je sais très-bien, et j'aime à le dire, que M. Fonfrède est un homme d'esprit; j'ai lu avec plaisir beaucoup de ses articles dans la *Tribune de la Gironde* et dans l'*Indicateur*, en regrettant qu'il enfouisse ainsi son talent dans des feuilles quotidiennes, éphémères de leur nature, qui sont oubliées et mises au rebut après une première lecture.

Ce n'est point de la sorte qu'un écrivain tel que M. Fonfrède peut être utile à la chose publique, et travailler à sa gloire. C'est par des ouvrages profondément médités, (qui restent) dignes de l'attention des hommes instruits, qu'un auteur avec les moyens que possède M. Fonfrède parvient à occuper une place distinguée dans la république des lettres et parmi les savans dans la science si difficile des bons gouvernemens.

M. Fonfrède doit aussi se convaincre, que s'il continue à remplir si longuement les colonnes de l'*Indicateur*, il lui fera perdre la moitié de ses abonnés, par la raison facile à comprendre, que beaucoup d'entr'eux n'y prennent aucun intérêt, et que de semblables polémiques ne sont du tout dans le genre d'un journal tel que l'*Indicateur*. Et puis, M. Fonfrède paraît avoir le droit d'y faire insérer ce qu'il lui plaît, quand il veut, et contre qui il veut. Ses adversaires jouissent-ils du meme avantage? cela est au moins douteux. Pourtant la justice réclame pour eux une faveur semblable.

### 3.me *Note, pag. 6, ligne 14.*

Cette plaisanterie à propos de ponts en bois à réparer, renouvelée de *Jeannot*, comédie, qui dit en parlant de son couteau, qui a usé deux manches et trois lames, et qu'il est toujours le même, est-elle d'un bon goût?

### 4.me *Note, pag. 7, ligne 1.*

Le pont de Tain sur le Rhône, suspendu à des câbles de fil de fer, n'a pas coûté plus de 100,000 fr. à MM. Seguin et C.e, d'Annonay, qui l'ont construit en moins de trois ans, moyennant la concession du péage.

Le pont suspendu de Banger-Ferry, jeté sur le bras de mer appelé détroit de Ménai, qui sépare l'île d'Anglesea de l'Angleterre, est le premier que l'on ait construit sur une échelle aussi gigantesque.

Ce pont a d'une culée à l'autre plus de 350 mètres; son arche principale, élevée de 100 pieds au-dessus de la ligne des plus hautes marées, et sous laquelle passent les navires à pleine voile, a 170 mètres d'ouverture. Il a été livré au public en 1824.

MM. Tranchère de Châteauneuf et Fonfrède trembleraient de frayeur, s'ils se trouvaient au milieu de ce pont suspendu, entourés de diligences et de véhicules à roues lourdement chargées, allant et venant, car ces messieurs ne pensent pas sans doute que ce pont magnifique dans son genre ait été exclusivement fait pour les piétons; s'ils le croyaient encore, je leur dirais que ce pont a été construit pour faciliter le commerce de l'Angleterre avec cette île, devenue très-importante comme point de communication avec l'Irlande, et par ses riches mines de cuivre dans les montagnes de Parrys, les plus abondantes des trois royaumes.

Oui, MM. Tranchère de Châteauneuf et Fonfrède trembleraient de frayeur dans une pareille position, puisqu'en parlant de nos petits ponts suspendus, ils s'écrient, saisis par la peur : ( je copie ) « *Il faudra subir la loi imposée » par le concessionnaire de passer sur son pont périlleux, se » balançant sur un torrent, dans les hautes eaux, en présen- » tant à chaque pas la mort au plus hardi, qui se félicitera » de l'avoir traversé sans accident.* »

Empressons-nous de tranquilliser MM. Tranchère de Châteauneuf et Fonfrède, ainsi que tous ceux dans l'âme desquels ils ont fait passer leurs terreurs paniques, qui provient de ce que ces messieurs ne connaissent que les ponts suspendus de Montferrand, dont la bonne construction a appelé les étais à leur secours, qui leur ont fait perdre leur nom, et prendre celui de *ponts soutenus.*

Disons-leur d'abord, que le pont n'est pas sur le torrent, mais beaucoup au-dessus du niveau des plus hautes eaux. Disons-leur ensuite, que s'ils avaient étudié la construction des ponts suspendus, ils se seraient convaincus qu'elle est calculée et exécutée de manière que quand même la moitié des câbles en fil de fer qui tiennent le pont en suspens casseraient d'un seul coup, ( ce qui est impossible ) le pont resterait à sa place. En outre, avant de livrer ces ponts à la circulation, on fait en présence des Ingénieurs de fortes épreuves sur la solidité de leurs culées. D'après ces explications, j'ai lieu de croire que MM. Tranchère de Châteauneuf et Fonfrède ne diront plus que « *les ponts suspendus » ne sont applicables qu'à des ruisseaux, à des fossés d'écou- » lement, ou dans des jardins anglais pour y franchir un ra- » vin figuré par l'art.* »

### 5.^me *Note, pag.* 7, *ligne* 6.

Le trains d'artillerie passent sur ces ponts en bois.

### 6.^me *Note, pag.* 10, *ligne* 1.

Le succès des belles constructions hydrauliques auxquelles le port de Dunkerque doit l'espoir de voir renaître les jours de son ancienne splendeur, a mis le sceau à la réputation de ce savant Ingénieur, qui est aussi un habile écrivain.

### 7.^me *Note, pag.* 10, *ligne* 17.

Ce fut lui, (le duc de Bridgerwater) qui, vers 1758, imagina de rendre navigables les rigoles formées par l'eau d'épuisement de ses mines de charbon de terre, dans le voisinage de Manchester. Il établit un canal parallèle à la rivière Mersey, pour communiquer avec Liverpool, et ramener les produits de ce port de mer. Il réussit complétement; et comme rien n'est contagieux comme le succès, c'est depuis ce temps que les canaux de navigation, devenus moins dispendieux et couvrant moins d'espace, ont pu se multiplier à un tel point sur la surface de l'Angleterre, que leur longueur totale excède aujourd'hui *deux mille lieues.*

### 8.^me *Note, pag.* 10, *ligne* 20.

Je voudrais pouvoir conduire ceux qui doutent de l'habileté des Anglais en travaux publics, hors des faubourgs de Gloscow, du coté du Nord, par un chemin qui monte, après quelques circuits, et continue toujours à monter; ils apercevraient au sommet de la colline une forêt de mâts, et à force de monter, ils arriveraient au bord de l'eau, et verraient le canal qui au travers de l'Écosse joint les deux mers; ils verraient de nombreux navires, des magasins, des charpentiers, des matelots, enfin tout ce qu'on voit dans un port de mer.

## 9.me *Note, pag.* 10, *ligne* 20.

Les docks ou bassins de Liverpool en Angleterre, qui ont coûté quatre-vingt millions de francs au commerce de cette ville, ont été construits en trois ans. Ils offrent l'un des exemples les plus frappans de la puissance des associations.

## 10.me *Note, pag.* 10, *ligne* 21.

Les routes à ornières ou plutôt à rainures en fer, dont le système, né dans les environs de Newastle, prend depuis quelques années un si prodigieux développement en Angleterre, et surtout en Écosse, d'après les données recueillies par l'auteur de l'essai que j'ai cité, qu'on en avait déjà construit en 1823 une longueur de plus de 2,000 kilomètres, (500 lieues) et pour se faire une idée, (dit aussi le même auteur) des progrès de ce système de communication, il suffira de se rappeler que l'année 1824 a vu s'organiser pour ces sortes de constructions 48 compagnies dont les fonds sociaux réunis forment un capital de 22,454,000 livres sterling (plus de 561 millions de francs.)

Ce qui prouve l'avantage des routes en fer, c'est qu'il faut douze fois plus de chevaux pour traîner la même charge sur une route ordinaire.

On a employé, (dit toujours le même auteur) la puissance de la vapeur à la place des chevaux, pour faire mouvoir des véhicules à roues sur les routes en fer; à cet effet, on a employé une machine à vapeur de la force de huit chevaux; les roues du véhicule avaient quatre pieds de diamètre; on fit cinq essais différens de la force de la machine et de la vitesse qu'elle parcourait. La charge, non compris le poids de la machine, était de 48 tonnes 3/4 (quatre-vingt-dix-sept milliers et demi.) L'inclinaison en moyenne de la route 1/840; la pente la plus rapide était de 11 pouces sur 300 pieds, soit 1/327, la machine et sa charge mise en mouvement dans les deux directions (ascendantes et descendantes) sur ce plan incliné. Le résultat moyen peut être considéré comme celui qui aurait eu lieu sur un plan horizontal; la vitesse moyenne fut à peu près de 7 milles à l'heure, et la plus grande de 9 milles ½, plus de 3 lieues de France.

L'établissement de ce genre de route abrègera d'un bon tiers le temps qu'on passe sur les grandes routes, et réduira des trois cinquièmes les dépenses de voyages. Par exemple, on va actuellement de Londres à Yorck, 200 milles, 66 lieues ⅔ de France, en 24 heures, pour 5 guinées, (125 francs); et l'établissement d'une route en fer de Londres à Édimbourg, (qui passerait près de Yorck) procurerait la facilité de parcourir la même distance en 15 à 16 heures, pour 2 guinées, (50 francs.)

MM. Seguin et C^e^, entrepreneurs du chemin en fer de St.-Étienne à Lyon, font construire des voitures à vapeur, destinées à desservir cette route. Malheureusement, ce qui ne coûte chez nos voisins pour ces sortes de travaux que 120 fr., revient en France à 300 fr.

Espérons que l'industrie française, sous son gouvernement protecteur, multipliera les moyens de nous procurer plus abondamment ce métal précieux. Déjà, (d'après le *Propagateur* de Rodez) sur les belles propriétés de M. le duc de Cazes, dans l'Aveyron, des expériences pour l'exploitation des mines de fer par de hauts fourneaux, à la manière anglaise et au moyen du cok, ont été faites; ces expériences ont parfaitement réussi. Le seul fourneau qui est en activité sur deux déjà construits, donne par 24 h., 70 à 80 quintaux de fonte d'une fort bonne qualité, quantité qui doublera, lorsque la chaleur sera arrivée à son plus haut degré d'élévation. On est dans l'intention de porter à dix le nombre des hauts fourneaux, dont huit seraient constamment soumis à un travail régulier, et deux formeraient une réserve, de manière à ce que, sans interruption, le produit de la fonte s'élevât à deux cents quintaux par jour.

La richesse des mines, la commodité de l'exploitation, les immenses capitaux dont on peut disposer, font espérer que cet établissement amènera une réduction notable dans le prix des fers, et nous évitera par là de payer un tribut à l'étranger.

### 11.me *Note, pag.* 14, *ligne* 28.

Il y a quarante ans que ce canal est commencé.

### 12.me *Note, pag.* 15, *ligne* 12.

On lit dans un rapport de M. Montalivet, alors ministre de l'intérieur, que la mise en état des routes du Bas-Rhin, ayant été primitivement estimée à un million, il est arrivé qu'après y avoir consacré une dépense de 1,766,000 fr., il restait encore des travaux à faire pour 2,665,000 fr., de sorte que l'évaluation des devis s'est trouvée inférieure de plus des trois-quarts à la réalité.

Quelque chose de plus fort se passe sous nos yeux. La canalisation de l'Isle, de Contras à Périgueux, (a dit un honorable membre de la Chambre des Députés) estimée 1,700,000 fr., coûte déjà près de cinq millions; et d'après une estimation nouvelle, faite par un habile Ingénieur divisionnaire, il doit en coûter encore autant.

Discours de M. Delaborde, à la Chambre des Députés, séance du 12 Juillet 1828.

Dans la même séance, cet orateur disait : « Lorsqu'on » fit le pont de Périgueux, on prenait les pierres à Berge- » rac; lorsque dernièrement on construisait celui de Ber- » gerac, on faisait venir les pierres de Périgueux. »

Le système des écluses est trop coûteux pour être appliqué aux petites navigations. L'entreprise de celle de la Dronne, qui va commencer, sera faite au moyen d'une nouvelle invention, *le double plan incliné*, qui coûtera dix fois moins qu'une écluse, avec la même activité dans le service, sans danger, beaucoup moins de frais d'entretien et point d'éclusiers.

Nous espérons que ce procédé, qui a été examiné et reconnu ingénieux par les hommes de l'art, fera une heureuse révolution dans le système des petites navigations, qui partout deviendront faciles et peu coûteuses, avec l'avantage de tenir les tarifs de péage à un taux très-modéré.

Cette manière évite les constructions en rivières, dont on ne peut jamais connaître les dépenses, soit par l'ignorance où l'on est souvent sur la solidité du sol sur lequel on établit les ouvrages, soit par les accidens fréquens que la crue des eaux occasionne aux travaux à mesure qu'on les faits, et qui les détruisent quelquefois lorsqu'ils sont achevés. La rivière de l'Isle en fournit de nombreux et fâcheux exemples.

Tous ces accidens sont impossibles avec le double plan incliné.

## 13.me *Note, pag.* 17, *ligne* 10.

D'après cet exposé, MM. Fonfrède et Tranchère de Châteauneuf persisteront-ils à vouloir que le Gouvernement leur fasse construire des ponts en pierres dans le style monumental?

## 14.me *et dernière Note, pag.* 21, *ligne* 27.

On sera peut-être surpris qu'un protestant ait fondé une église, pour que ses frères d'une religion différente de la sienne obtiennent les secours spirituels que l'Évangile ordonne à ses ministres de leur distribuer. Cela ne doit étonner personne de la part de celui qui pratique un culte, qui considère tous les hommes comme des frères, qui ne tourmente pas les consciences, qui reçoit avec plaisir de nouveaux sectaires, mais qui ne cherche point les conversions; doit-on en être surpris? Une religion qui ne fait point de l'éternelle félicité une propriété exclusive de ses fidèles, qui, au contraire, admet aux faveurs célestes tous les hommes de bonne foi, une telle religion a-t-elle besoin d'accroître son empire, a-t-elle besoin de multiplier ses conquêtes?

www.ingramcontent.com/pod-product-compliance
Lightning Source LLC
LaVergne TN
LVHW021647170726
843501LV00007B/2462

* 9 7 8 2 3 2 9 6 4 8 4 1 5 *